BEI GRIN MACHT SICH IHR WISSEN BEZAHLT

- Wir veröffentlichen Ihre Hausarbeit,
  Bachelor- und Masterarbeit

- Ihr eigenes eBook und Buch -
  weltweit in allen wichtigen Shops

- Verdienen Sie an jedem Verkauf

**Jetzt bei www.GRIN.com hochladen
und kostenlos publizieren**

Bibliografische Information der Deutschen Nationalbibliothek:

Die Deutsche Bibliothek verzeichnet diese Publikation in der Deutschen National-
bibliografie; detaillierte bibliografische Daten sind im Internet über http://dnb.d-
nb.de/ abrufbar.

Impressum:

Copyright © 2014 GRIN Verlag, Open Publishing GmbH
Druck und Bindung: Books on Demand GmbH, Norderstedt Germany
ISBN: 9783668273719

Dieses Buch bei GRIN:

http://www.grin.com/de/e-book/337992/inwiefern-fuehrte-kennedys-vietnampolitik-
zu-einer-ausweitung-des-krieges

Frank Beroleit

Inwiefern führte Kennedys Vietnampolitik zu einer Ausweitung des Krieges?

GRIN Verlag

GRIN - Your knowledge has value

Der GRIN Verlag publiziert seit 1998 wissenschaftliche Arbeiten von Studenten, Hochschullehrern und anderen Akademikern als eBook und gedrucktes Buch. Die Verlagswebsite www.grin.com ist die ideale Plattform zur Veröffentlichung von Hausarbeiten, Abschlussarbeiten, wissenschaftlichen Aufsätzen, Dissertationen und Fachbüchern.

Besuchen Sie uns im Internet:

http://www.grin.com/

http://www.facebook.com/grincom

http://www.twitter.com/grin_com

Hausarbeit

„Inwiefern führte Kennedys Vietnampolitik zu einer Ausweitung des Krieges (in Vietnam)?"

Gliederung

1. Einleitung

1.1 Einführung in das Thema: Formulierung des Arbeitszieles und Darstellung des Forschungsstandes

Die vorliegende Hausarbeit widmet sich der Frage, inwiefern Kennedys Politik, vor allem seine Außenpolitik, den Krieg in Vietnam ausweitete. Das Ziel dieser Arbeit ist es, die vietnambezogene Außenpolitik Kennedys darzustellen und anhand dieser Darstellung die vorangehende Fragestellung zu beantworten. Zu diesem Zweck beginnt die Arbeit mit Bibliographischem zu Kennedy, denn um die Vietnampolitik des 35. Präsidenten der Vereinigten Staaten zu verstehen, muss sich erst einmal mit der Person Kennedy beschäftigt werden. Zu der Person Kennedy gibt es unzählige Werke, die sich mit vielen Aspekten seiner Person beschäftigen. Eine Monographie fasst das Leben des John F. Kennedy nahezu lückenlos zusammen: *Reeves, Thomas C., John F. Kennedy. Die Entzauberung eines Mythos Biographie, Hamburg 1992.* Das Werk beinhaltet nicht nur biographisches zu Kennedy, auch seine Vietnampolitik und sein Wirken in der Kuba-Krise füllen einen Großteil des Buches aus. Das Werk ist jedoch teils sehr stark wertend, und eignet sich somit nur zum Teil als fundierte Grundlage für eine wissenschaftliche Arbeit. Ebenfalls empfehlenswert ist: *Dallek, Robert, Dallek, John F. Kennedy. Ein unvollendetes Leben, 2. Aufl., München 2003.* Diese Biographie ist nüchterner als das Werk von Reeves. Die Politik Kennedys in Bezug auf Laos und das Fiasko in der Schweinebucht, welches zwar noch unter Eisenhower geplant, aber unter Kennedy durchgeführt wurde, bestimmten maßgeblich die Politik Kennedys in Vietnam, weshalb der nächste Punkt der vorliegenden Arbeit sich mit diesen zwei Themenbereichen auseinandersetzt. *Biermann, Harald, John F. Kennedy und der Kalte Krieg. Die Außenpolitik der USA und die Grenzen der Glaubwürdigkeit, Paderborn 1997* beschäftigt sich komprimiert, und dennoch sehr ausführlich mit diesen beiden Themenbereichen, ebenso mit Kennedys Politik in Vietnam selbst. Das Fiasko in der Schweinebucht stellt *Steiniger, Rolf, Die Kubakrise 1962. Dreizehn Tage am atomaren Abgrund, München 2011* ebenfalls sehr gut dar. *Kissinger, Henry A., Die Vernunft der Nationen. Über das Wesen der Außenpolitik, 1. Aufl., Berlin 1994* ist nicht nur ein gutes Werk in Bezug auf Laos, auch der letzte Unterpunkt des Hauptteils dieser Arbeit, Kennedys Vietnampolitik, wird zwar kompakt, aber dennoch sehr informativ dargestellt. Den besten Überblick über das Wirken Kennedys in Vietnam stellt *Frey, Marc, Geschichte des Vietnamkriegs. Die Tragödie in Asien und das Ende des amerikanischen Traums, München 1998* dar. Die Monographie liefert neben äußerst informativen und sehr kompakten Darstellungen über Kennedy und seine Vietnampolitik auch Aufsätze über Laos, die Landung in der Schweinebucht und alle restlichen wichtigsten

Etappen innerhalb des Krieges in Vietnam. Dieses Werk gehört zu den Wichtigsten der Literatur des Vietnamkrieges. Ebenfalls erwähnenswert ist *Hippler, Jochem, Krieg im Frieden. Amerikanische Strategien für die Dritte Welt, Köln 1986.* Bezüglich der Counterinsurgency-Strategie liefert das Buch eine ausführliche Darstellung.

Da die Thematik „Kennedys Vietnampolitik" äußerst umfangreich behandelt wurde, und dementsprechend viel Literatur hierzu vorhanden ist, wurden an dieser Stelle nur die Wichtigsten und für die behandelte Fragestellung konkretesten Titel genannt. Zudem habe ich mich auf deutschsprachige Literatur beschränkt, um den Literaturumfang einzugrenzen.

2. Hauptteil

2.1 Biographisches zu Kennedy

Am 20. Mai 1917 wurde John Fitzgerald Kennedy in Brookline/ Massachusetts geboren[1] und verstarb am 22. November 1963 in Dallas/Texas[2]. Die Vereidigung zum 35. Präsidenten der Vereinigten Staaten fand am 21. Januar 1961 im Alter von 43 Jahren statt[3]. Jung, dynamisch, charmant, aufstrebend, humorvoll und optimistisch[4], all diese Adjektive kennzeichneten den neuen Präsidenten, welche ihn in einen direkten Gegensatz zu Dwight Eisenhower, dem 34. Präsidenten und dementsprechend seinem Vorgänger setzen:

„Hier stand unter freiem Himmel, in eisiger Kälte, ohne Mantel, ein gutaussehender, sonnengebräunter, dynamischer Führer, der eine Botschaft der Kraft und Stärke und Hoffnung verkündete. Ganz in der Nähe, neben ihm, saß der zweiundsiebzigjährige Dwight Eisenhower, dick angezogen und dennoch unter den frostigen Witterungsbedingungen leidend. Er personifizierte für viele die trostlosen, düsteren und selbstgefälligen 50er Jahre, in den es an Geist und Witz fehlte"[5].

Dieses Zitat veranschaulicht den Gegensatz Kennedys zu Eisenhower und unterstreicht das Image, welches von Kennedy ausging. Sein Image war Kennedy sehr wichtig. So ließ er beispielsweise bei seinem Amtsantritt die Bundeszuteilungen an Agrarüberschüssen an rund vier Millionen Bedürftige im Land verdoppeln[6]. Sein Image unterstrichen jedoch vor allem sein gutes Aussehen, seine Ausstrahlung und seine Wortgewandtheit, die er sich in den

---

[1] Vgl. Virtuelle Geschichte. Historische Alternativen im 20. Jahrhundert, hg. von Niall Fergusom, Darmstadt 1999, S. 285.
[2] Vgl. Thomas C. Reeves, John F. Kennedy. Die Entzauberung eines Mythos Biographie, Hamburg 1992, S. 16.
[3] Vgl. Reeves, John F. Kennedy. S. 13.
[4] Vgl. Marc Frey, Geschichte des Vietnamkriegs. Die Tragödie in Asien und das Ende des amerikanischen Traums, München 1998, S. 79.
[5] Reeves, John F. Kennedy. S. 13.
[6] Vgl. Reeves, John F. Kennedy. S. 333.

Medien zunutze machte. Durch Pressekonferenzen gewann er viele Menschen für sich[7], in denen er unter anderem mit folgender Aussage die Menschen in seinen Bann zog: „Fragt nicht, was euer Land für euch tut, fragt, was ihr für euer Land tun könnt!"[8]. „Kennedys eloquente Reden weckten Idealismus bei Millionen auf der ganzen Welt"[9] John F. Kennedy erkannte die Wichtigkeit der Medien und wusste sie zu nutzen[10]. Diese nutzte er auch, indem er sie manipulierte. Alle negativen Fakten bezüglich seiner Politik und seiner Person wurden verschwiegen. In Bezug auf Vietnam wurden den Medien Unterstützung angeboten, um sich deren Solidarität zu sichern. Jedoch wurden beispielsweise Reporter, die die Vietnampolitik Kennedys in Frage stellten, ausgeschlossen. Kennedy versuchte beispielhaft persönlich den Verleger der New York Times, Arthur Sulzberger, dazu zu bewegen, den Journalisten David Halberstam abzuberufen[11]. Alle Dinge, die nach „außen" strahlten, waren ihm wichtig: Sein Image, sein Aussehen und die Außenpolitik: „Die Innenpolitik schob er beiseite, wo immer er nur konnte"[12]. Kennedys Fokus auf die Außenpolitik und sein Image bestimmten maßgeblich seine Vietnampolitik, da er durch das Versagen in der Schweinebucht und in Laos (Punkte 2.2 und 2.3 der vorliegenden Arbeit) Südostasien als den Ort ansah, um seine Glaubwürdigkeit wiederzuerlangen[13]. Kennedy sah sein Image durch diese Fehltritte ernsthaft gefährdet, welches einer der Gründe für die Interaktion in Vietnam war.

Fakt ist jedoch, dass 83 Prozent der Bevölkerung nach dem Fiasko in der Schweinebucht noch hinter ihm standen, was auf einen hohen wirtschaftlichen Aufschwung, geringe Arbeitslosigkeit, geringe Inflation, den Beginn des Weltraum-Wettlaufs und seine Einstellung gegenüber dem Kommunismus zurückzuführen ist. Zudem befürwortete er die Beendigung der Atomtests[14].

Wie bereits erwähnt, setzte Kennedy Prioritäten bei der Außenpolitik, welche er selbst in die Hand nahm. Im Hintergrund dessen wählte er den farblosen Dean Rusk als Minister. Zu seinen Mitarbeitern zählten zudem sein Bruder Robert Kennedy, Sicherheitsberater George McGeorge Bundy, Verteidigungsminister Robert S, McNamara, sowie den Ökonom Walt W. Rostow, den Havard-Historiker Arthur M. Schlesinger und den Juristen und Redenschreiber

---

[7] Vgl. Reeves, John F. Kennedy, S. 334-335.
[8] Christian Hacke, Zur Weltmacht verdammt. Die amerikanische Außenpolitik von Kennedy bis Clinton, Berlin 1997, S. 54.
[9] Reeves, John F. Kennedy. S. 14.
[10] Vgl. Reeves, John F. Kennedy. S. 334.
[11] Vgl. Jan Wölfl, Kriegsberichterstattung im Vietnamkrieg. Münster 2005, S. 45.
[12] Reeves, John F. Kennedy. S. 332.
[13] Vgl. Henry A. Kissinger, Die Vernunft der Nationen. Über das Wesen der Außenpolitik, 1. Aufl., Berlin 1994, S: 708.
[14] Vgl. Reeves, John F. Kennedy. S. 14.

Theodore C. Sorensen[15]. McNamara und McGeorge Bundy spielten in der Außenpolitik Kennedys eine große Rolle, da sie zu seinem engsten Beraterkreis gehörten[16].

2.2   Laos und das Schweinebucht-Fiasko

Kennedys Vorgänger, Dwight Eisenhower schenkte dem kleinen Land Laos, welches nur von zwei Millionen Menschen bevölkert war, jedoch von Vietnam und Thailand umschlossen ist und im Hintergrund dessen einen hohen strategischen Wert hatte, eine immense Bedeutung. Das Land verzeichnete einen Machtzuwachs der Kommunisten. Eisenhower investierte im Hintergrund der Aspekte „Eindämmungspolitik und Domino-Theorie" insgesamt über 300 Millionen Dollar an Militär- und Wirtschaftshilfe in das Land, ohne dass sich ein nennbarer Erfolg bemerkbar machte[17].

Unter der Domino-Theorie versteht man, dass wenn der Kommunismus in einem Land siegt, dass dieser Sieg zu einer Kettenreaktion führen würde, die die Nachbarländer ebenfalls kommunistisch werden lässt[18]. Weitere Staaten würden wie „Dominosteine umfallen und kommunistisch werden"[19].

Unter Containment-Politik oder auch Eindämmungspolitik versteht man die Verhinderung des Ausbreitens des Kommunismus.

Aus amerikanischer Sicht spitzte sich der Konflikt am 13. Dezember 1960 zu einem ersten Höhepunkt zu, als die Sowjetunion die Kommunisten in Laos mit einer Luftbrücke unterstützen. Durch diese Luftunterstützung schienen die Kommunisten nicht weit von einem Sieg entfernt, sodass sogar der Vorschlag einer militärischen Intervention ins Gespräch kam. Zu einer militärischen Intervention kam es jedoch im Hintergrund des Schweinebucht-Fiaskos nicht, welches im weiteren Verlauf des Textes näher erörtert wird[20]. Dwight Eisenhower legte John F. Kennedy im letzten Übergabegespräch am 19. Januar 1961 ans Herz, Laos im Hintergrund der Domino-Theorie unbedingt zu halten. Auch wenn sich Kennedy von der Laos-Politik seines Vorgängers zu distanzieren versuchte, blieb auch sein Leitmotiv die Verhinderung kommunistischer Ausbreitung in Laos[21]. Die Krise spitzte sich am 1. Mai zu. Kennedy war durch das Scheitern in der Schweinebucht gegenüber den Interventionsplänen für Laos misstrauisch geworden, wollte Laos aber unter allen Umständen halten. Wie bereits

---

[15]Vgl. Frey, Geschichte des Vietnamkriegs. S. 79.
[16] Vgl. Hacke, Zur Weltmacht verdammt. S. 53.
[17] Vgl. Reeves, John F. Kennedy. S. 373-374.
[18] Gustav Schmidt, Geschichte der USA. Darmstadt 2004, S. 149-150.
[19] Hacke, Zur Weltmacht verdammt. S. 60.
[20] Vgl. Reeves, John F. Kennedy. S. 375-377.
[21] Vgl. Harald Biermann, John F. Kennedy und der Kalte Krieg. Die Außenpolitik der USA und die Grenzen der Glaubwürdigkeit, Paderborn 1997, S. 90-92.

erwähnt, verhinderte der Fehlschlag in der Schweinebucht die militärische Intervention in Laos, und so kam es am 3. Mai zu einem Waffenstillstand[22]. Obwohl es nicht zu offenen Kampfhandlungen in Laos kam, war die Neutralisierung des Landes gescheitert[23].

Das Schweinebucht-Fiasko beschreibt den Versuch der amerikanischen Regierung, eine Rebellion gegen Fidel Castro, den Regierungschef Kubas zu erwirken, welche jedoch scheiterte. Anfangs hatte Castro noch ein gewisses Ansehen unter den Amerikanern[24], auch Kennedy schätzte ihn anfangs positiv ein[25]. Bereits unter Eisenhower sagte der Chef der CIA, Allen W. Dulles: „Kommunisten und andere extreme Radikale haben offensichtlich die Castro-Regierung unterwandert"[26]. Moskau zeigte zudem an Kuba immer mehr Interesse, und auch wichtige Personen in der Kuba-Regierung waren Kommunisten[27]. Die Planung der Invasion fand bereits unter Eisenhower statt, Kennedy jedoch führte die Aktion durch und nahm später die volle Verantwortung auf sich. Es wurden Exil-Kubaner angeworben, die in der Schweinebucht landen sollten. Die Operation flog auf, Castro versetzte die gesamte Insel in Alarmbereitschaft und nahm über 100.000 Personen unter dem Vorwand als Regimegegner fest, um einem Bürgerkrieg die Grundlage zu entziehen. Als die Exil-Kubaner am morgen des 17. April in der Schweinebucht landeten, erwartete sie ein hartes Feuergefecht, welches sie nicht gewinnen konnten. Aus Angst vor weiteren militärischen Maßnahmen, die aus einer Zuhilfeeilung der Exil-Kubaner erfolgen könnten, entschied sich Kennedy dafür, die ca. 1400 Exil-Kubaner ihrem Schicksal zu überlassen[28]. Für das Scheitern der Aktion gibt es mehrere Gründe. Zum einen wurde Kennedy seitens seiner Berater über die Risiken nicht genügend aufgeklärt. Beispielsweise bot die Schweinebucht aufgrund seiner Lage nicht die erhoffte Rückzugsmöglichkeit in die Escambray-Berge, da dazwischen ca. 130 km unpassierbares Sumpfgebiet lagen. Zum anderen war die Operation durch die Medien derart unverdeckt, dass Fidel Castro quasi nur Bescheid wissen konnte[29]. Auch wenn Kennedy offiziell eine Beteiligung an dieser Operation abstritt, so war die Beteiligung der USA unter anderem aufgrund der Offenheit der Medien bekannt. Der sowjetische Regierungschef Nikita Chruschtschow machte bereits einen Tag nach der Landung in der Schweinebucht die USA für die Invasion verantwortlich, woraufhin Kennedy die Vorwürfe abstritt[30]. Die britische Zeitung „Guardian" kommentierte den Vorfall folgendermaßen: „Präsident Kennedys

---

[22] Vgl. Biermann, John F. Kennedy und der Kalte Krieg. S. 96-97.
[23] Vgl. Biermann, John F. Kennedy und der Kalte Krieg. S. 100.
[24] Vgl. Rolf Steiniger, Die Kubakrise. Dreizehn Tage am atomaren Abgrund, München 2011, S. 21.
[25] Vgl. Biermann, John F. Kennedy und der Kalte Krieg, S. 81
[26] Steiniger, Die Kubakrise. S. 22.
[27] Vgl. Steiniger, Die Kubakrise. S. 22.
[28] Vgl. Biermann, John F. Kennedy und der Kalte Krieg. S. 82-86.
[29] Vgl. Reeves, John F. Kennedy. S.352-362.
[30] Vgl. Steininger, Die Kubakrise. S. 28.

Antwort auf Chruschtschows Botschaft über die amerikanische Intervention auf Kuba wird nur diejenigen überzeugen, die überzeugt werden wollten"[31].

Das Schweinebucht-Fiasko stärkte das kommunistische Regime unter Fidel Castro und war ein wichtiger Schritt auf dem Weg zur Kuba-Krise. In der Kuba-Krise standen die USA und die UdSSR kurz vor einem Atomkrieg im Jahre 1962: Ausgehend von einer Stationierung von Raketen durch die UdSSR auf Kuba entwickelte sich die Kuba-Krise[32].

2.3 Der Blick auf Vietnam

Nach dem Schweinebucht-Fiasko und den Verhandlungen in Laos wurde die Vietnampolitik für Kennedy immer mehr interessant. Dies hatte mehrere Gründe. Zum einen war Kennedy der Überzeugung, „Südostasien sei der Ort, um seine Glaubwürdigkeit wiederherzustellen"[33]. Das folgende Zitat John F. Kennedys verdeutlicht diese Einstellung: „Es gibt Grenzen für die Zahl der Niederlagen, die ich in einem Zeitraum von zwölf Monaten wegstecken kann. Ich hatte die Schweinebucht und den Rückzug aus Laos, und ich kann keine dritte hinnehmen"[34]. Zum anderen waren von Bedeutung der strategische Wert des Landes, die Rohstoffvorkommen Vietnams und vor allem die Rolle im Kampf gegen den weltweiten Kommunismus, die das Land spielte[35]. Kennedy setzte am 20. April 1961 eine „Task Force on Vietnam" ein, die ein Aktionsprogramm zur zukünftigen Vietnampolitik erarbeiten sollte. Dieser Entwurf wurde unter anderem von George McBundy scharf kritisiert, da sich der Entwurf nur schwer umsetzen lasse, und diesbezüglich Vorschläge fehlten[36]. Die Kennedy-Regierung bemühte sich, eine diplomatische Lösung zu konzipieren, um eine voranschreitende Stabilisierung Südvietnams zu erreichen. Im Hintergrund der Aspekte Eindämmungspolitik, Domino-Theorie und Glaubwürdigkeit arbeitete die Regierung der Vereinigten Staaten zwei Optionen heraus: Entweder würde man versuchen, das Diem-Regime durch verstärkte Hilfe im Militär- und Wirtschaftsbereich zu fixieren, oder man würde, wie dem Präsidenten schon häufiger vorgeschlagen wurde, Truppen nach Südvietnam schicken.

Ngo Dinh Diem war der erste Präsident der Republik Vietnam von 1955 bis 1963 und war ein überzeugter Antikommunist[37]. Kennedy entschied sich, 400 Einheiten der Special Forces nach Vietnam zu entsenden, welche die südvietnamesische Armee ARVN (Armee der Republik

[31] Steininger, Die Kubakrise. S. 29.
[32] Biermann, John F. Kennedy und der Kalte Krieg. S. 158-211.
[33] Kissinger, die Vernunft der Nationen. S. 708.
[34] Reeves, John F. Kennedy. S. 383.
[35] Vgl. Reeves, John F. Kennedy. S. 379.
[36] Vgl. Biermann, John F. Kennedy und der Kalte Krieg. S. 215-215.
[37] Vgl. Frey, Geschichte des Vietnamkriegs. S. 47 ff.

Vietnam) intensiver ausbilden sollten. Die Militär- und Wirtschaftshilfe wurde zudem erheblich erhöht, ebenfalls erhielt die ARVN moderne Waffen[38]. Zu diesem Zeitpunkt überschritten die USA zum ersten Mal die Obergrenze für ausländisches Militär, welche in der Indochinakonferenz von 1954 festgesetzt wurde[39]. Im Herbst 1961 begann Diem jedoch zu scheitern: Durch verstärkte NLF- Aktionen (Nationale Front für die Befreiung Südvietnams; die kommunistische Partei Vietnams) begann Diem die Kontrolle zu verlieren und bat die USA zur Entsendung von Kampftruppen. Dies lässt sich vor allem durch Diems autoritäres Regime begründen, wodurch viele Menschen der NLF beitraten. Erneut lagen Kennedy zwei Optionen vor: Entweder die Entsendung von Kampftruppen, die der ARVN helfen und das Regime stabilisieren sollten, oder ein Waffenstillstand zwischen der NLF und der ARVN in Verbindung mit gemeinsamen Wahlen und der Wiedervereinigung Vietnams. Der Präsident entschied sich für den Mittelweg, da für ihn eine Stationierung von Bodentruppen nicht in Frage kam. Die Wirtschaftshilfe wurde erneut aufgestockt, die Anzahl der militärischen Berater wurde erhöht und der Luftraum wurde fortan von den USA kontrolliert. Zugleich verlangte Kennedy von Diem die Liberalisierung seiner Regierung und ein Mitspracherecht der USA, was aber nie eine Verwirklichung fand[40].

Der Präsident kam zu dem Schluss, dass die amerikanischen Soldaten den Guerillakrieg auf gleicher Ebene bekämpfen müssen[41]. Zu diesem Zweck wurde die Counterinsurgency-Strategie entwickelt, welche im Sinne der „flexible response" (auf unterschiedliche Angriffsarten des Gegners sollte unterschiedlich reagiert werden) liegt. Die Grundidee der Counterinsurgency-Strategie ist es, die Kommunisten nicht ausschließlich mit Militärgewalt zu bekämpfen, sondern durch eine integrierte Strategie in drei Stufen: Die erste Stufe bestand in der militärischen Sicherung der südvietnamesischen Dörfer. Sobald die NLF diese Dörfer nicht mehr unter Kontrolle hatte, startete in Stufe zwei der Aufbau einer nicht korrupten, kompetenten Lokalverwaltung. Sobald sich die Lokalverwaltung gefestigt hatte, sollte eine materielle Verbesserung der Lebensbedingungen in Stufe drei eintreten[42]. Der Hintergrundgedanke der Counterinsurgency-Strategie war, den „Fischen (Guerillas) also das „Meer" vorzuenthalten"[43], oder mit anderen Worten: Der NLF sollte die dörfliche Basis der Aufstandsbewegung vorenthalten werden[44]. Zu diesem Zweck verkündete am 3. Januar 1962 die Saigoner Regierung das „Strategic Hamlet Program", wo innerhalb von 14 Monaten etwa

---

[38] Vgl. Frey, Geschichte des Vietnamkriegs. S. 84-85.
[39] Vgl. Biermann, John F. Kennedy und der Kalte Krieg. S. 217-218.
[40] Vgl. Frey, Geschichte des Vietnamkriegs. S. 85-88.
[41] Vgl. Biermann, John F. Kennedy und der Kalte Krieg. S. 236.
[42] Vgl. Frey, Geschichte des Vietnamkriegs. S. 88.
[43] Jochen Hippler, Krieg im Frieden. Amerikanische Strategien für die Dritte Welt, Köln 1986, S. 21.
[44] Vgl. Frey, Geschichte des Vietnamkriegs. S. 88.

14.000 Wehrdörfer errichtet werden sollten. Dieses Programm erinnerte an das fehlgeschlagene „Agroville"-Programm Diems[45]. Durch den Missbrauch der Counterinsurgency-Strategie durch Diem, welcher die physische Kontrolle der Bevölkerung verfolgte und nicht die Lebensbedingungen verbesserte, scheiterte auch dieses Wehrprogramm. Die NLF überrannte die Wehrdörfer oder nutzte sie für ihren Kampf[46]. Auch hier gab es zwei Optionen für das weitere Verfahren: Entweder man überzeugt Diem der Selbstverwaltung und dauerhaften Sicherung der Wehrdörfer, oder man setzt physische Kraft ein. Die Entscheidung fiel auf die zweite Option, sodass ab Ende des Jahres 1961 Napalm zur Vernichtung der Rückzugsmöglichkeiten der NLF sowie Chemikalien zur Erntevernichtung eingesetzt wurden. Die amerikanischen Berater trugen zudem nur bedingt zu einer Stärkung der südvietnamesischen Streitkräfte bei. Bei der Schlacht von Ap Bac gelang es den südvietnamesischen Streitkräften trotz einer immensen Überlegenheit nicht, die NLF zu besiegen, da sie vor einer offensiven Kriegsführung zurückschreckten. Dies geschah zum einen zur Schonung der Truppen und zum anderen, weil sich die ARVN auf die amerikanischen Helikopter verließ. Ab diesem Punkt gewannen die Präsenz der Medien und die damit verbundene Aufklärung der Bevölkerung an Gewichtung. Die Spannung zwischen dem Diem-Regime und der USA steigerte sich immer mehr. Die Militärberater in Vietnam drängten die ARVN immer mehr zur Offensive, zudem wurde von Diem immer mehr der entscheidende Schritt zur Demokratisierung verlangt. Im Hintergrund der Spannungen zwischen Diem und den Vereinigten Staaten, sowie der Entwicklungen im Gesamten in Vietnam stellte die Kennedy-Regierung Überlegungen an, wie in Vietnam weiter verfahren werden sollte[47]. Bevor jedoch eine endgültige Entscheidung getroffen werden konnte, wurde Präsident Kennedy am 22. November 1963 in Dallas erschossen. Die Meinungen, ob Kennedy die Intervention in Vietnam verstärkt oder abgeschwächt (bis hin zu einem kompletten Abzug der Truppen) hätte, gehen weit auseinander und bleiben Spekulation. Robert McNamara ist beispielsweise der Meinung, Kennedy hätte in einer zweiten Amtsperiode den Abzug der Truppen befohlen:

„Kennedy hätte zugestanden, dass ein solcher Rückzug ein Umfallen der „Dominosteine" bewirken würde. Doch er wäre zu der Überzeugung gelangt, dass ein Verbleiben in Vietnam zu demselben Ergebnis führen würde, allerdings um den Preis eines schrecklichen

---

[45] Vgl. Biermann, John F. Kennedy und der Kalte Krieg. S. 238.
[46] Vgl. Frey, Geschichte des Vietnamkriegs. S. 89.
[47] Vgl. Frey, Geschichte des Vietnamkriegs. S. 89-93.

Blutvergießens…Deshalb meine ich, dass John F. Kennedy unser Engagement in Vietnam eher beendet hätte, als uns noch tiefer in den Krieg zu verstricken"[48].

3. Schluss

3.1 Zusammenfassung der Ergebnisse und Beantwortung der Fragestellung

„Für die einen gerieten die USA aufgrund von Unwissenheit und Vorurteilen in einen politischen Morast, für andere war Amerikas Intervention in Vietnam logische Konsequenz einer Expansionspolitik, bei der der globale Anspruch auf Verteidigung der Freiheit gegen den Kommunismus Höhepunkt und Scheitern dokumentierte"[49].

Dieses Zitat von Christian Hacke fasst die Vietnampolitik Kennedys gut zusammen. Das Vorgehen in Laos und das Fiasko in der Schweinebucht waren wesentlich bestimmt durch Unwissenheit. John F. Kennedy, noch unerfahren und frisch im Amt, musste sich der beiden Probleme bereits zum Anfang seiner Präsidentschaft annehmen, und musste zwei Niederlagen einstecken. Durch eine bessere Planung hätte der Putsch gegen Fidel Castro vielleicht anders ausgehen können. Zudem bestimmten das Scheitern in Laos und Kuba maßgeblich die Vietnampolitik Kennedys, da Kennedy in Vietnam neben den Aspekten Containment-Politik und Vietnam als strategischem Wert in diesem Land seine Glaubwürdigkeit zurückerlangen wollte. Der verwendete Begriff „Expansionspolitik" beschreibt sehr gut die generelle Außenpolitik der USA dieser Zeit. Nicht nur im Begriff von Erobern beziehungsweise der Kontrolle von Ländern aufgrund von Bodenschätzen (wie es in Vietnam auch der Fall war), sondern vor allem auch im Hintergrund der Eindämmungspolitik des Kommunismus.

Jedoch führte auch die Person Kennedy zu der von ihm geführten Vietnampolitik. Sein Image war ihm sehr wichtig, und er konnte es sich nicht leisten, als „schwach" dargestellt zu werden[50]. Sicherlich führte auch diese Eigenschaft des 35. Präsidenten zu seiner Entscheidung, in Vietnam zu intervenieren. Das Ergebnis seiner Politik nur auf Vietnam bezogen, verdeutlicht folgendes Zitat von Jochen Hippler:

„Der entscheidende Eskalationsschritt erfolgte allerdings erst unter der Kennedy-Administration, als die Präsenz an US-Militärpersonal in kurzer Zeit vervielfacht wurde"[51].

Unter Kennedy erfolgte der erste Schritt der Eskalation, da er die Truppenstärke in Vietnam erheblich anhob. Zumeist hinter den Beweggründen von Eindämmungspolitik, Domino-Theorie und Glaubwürdigkeit .

---

[48] Hacke, Zur Weltmacht verdammt. S. 64.
[49] Hacke, Zur Weltmacht verdammt. S. 63.
[50] Vgl. Reeves, John F. Kennedy. S. 376.
[51] Hippler, Krieg im Frieden. S. 26.

Doch inwiefern führte Kennedys Vietnampolitik zu einer Ausweitung des Krieges? Diese Frage wurde bereits durch die obige Zusammenfassung der Ergebnisse beantwortet: Durch die massive Aufstockung der Truppen in Südvietnam unter Kennedy wurden die USA immer weiter in den Krieg mit einbezogen. Auch wenn Kennedy es nicht vorhatte, eine derartige Präsenz in Vietnam zu zeigen („Trotz seines militanten Standpunktes lehnte Kennedy jedoch die Entsendung von Kampftruppen ab"[52]; „George, du spinnst ja! So etwas wird ganz einfach nicht geschehen" (Kennedy zu George Ball)[53]), Fakt ist, dass John F. Kennedy den Konflikt „Vietnam" erheblich ausweitete: Im November 1963 waren in Südvietnam bereits 16300 Berater involviert, und 78 ließen bereits ihr Leben[54].

---

[52] Reeves, John F. Kennedy. S. 383.
[53] Reeves, John F. Kennedy. S. 384.
[54] Frey, Geschichte des Vietnamkriegs. S. 93.

4. Literaturverzeichnis

Biermann, Harald, John F. Kennedy und der Kalte Krieg. Die Außenpolitik der USA und die Grenzen der Glaubwürdigkeit, Paderborn 1997.

Frey, Marc, Geschichte des Vietnamkrieges. Die Tragödie in Asien und das Ende des amerikanischen Traums, München 1998.

Hacke, Christian, Zur Weltmacht verdammt. Die amerikanische Außenpolitik von Kennedy bis Clinton, Berlin 1997.

Hippler, Jochen, Krieg im Frieden. Amerikanische Strategien für die Dritte Welt, Köln 1986.

Kissinger, Henry A., Die Vernunft der Nationen. Über das Wesen der Außenpolitik, Berlin 1994.

Reeves, Thomas C., John F. Kennedy. Die Entzauberung eines Mythos Biographie, Hamburg 1992.

Schmidt, Gustav, Geschichte der USA. Darmstadt 2004.

Schneider, Manfred, Das Attentat. Kritik der paranoischen Vernunft, 1. Aufl., Berlin 2010.

Steiniger, Rolf, Die Kubakrise. Dreizehn Tage am atomaren Abgrund, München 2011.

Virtuelle Geschichte. Historische Alternativen im 20. Jahrhundert, hg. von Niall Ferguson, Darmstadt 1999.

Wölfl, Jan, Kriegsberichterstattung im Vietnamkrieg. Münster 2005.

BEI GRIN MACHT SICH IHR WISSEN BEZAHLT

- Wir veröffentlichen Ihre Hausarbeit,
  Bachelor- und Masterarbeit

- Ihr eigenes eBook und Buch -
  weltweit in allen wichtigen Shops

- Verdienen Sie an jedem Verkauf

Jetzt bei www.GRIN.com hochladen
und kostenlos publizieren